Savais-tu?

Les Coucous

Savais-tu

Les Coucous

Alain M. Bergeron
Michel Quintin
Sampar

Illustrations de Sampar

ÉDITIONS
MICHEL
QUINTIN

Catalogage avant publication de Bibliothèque et Archives nationales du Québec et Bibliothèque et Archives Canada

Bergeron, Alain M.

Les coucous

(Savais-tu? ; 59)
Pour enfants de 7 ans et plus.

ISBN 978-2-89435-679-1

1. Coucous - Ouvrages pour la jeunesse. I. Quintin, Michel. II. Sampar. III. Titre. IV. Collection : Bergeron, Alain M.   . Savais-tu? ; 59.

QL696.C83B47 2014   j598.7'4   C2013-942065-7

Infographie: Marie-Ève Boisvert, Éd. Michel Quintin

Le Conseil des Arts du Canada
The Canada Council for the Arts

SODEC
Québec

Patrimoine
canadien

Canadian
Heritage

La publication de cet ouvrage a été réalisée grâce au soutien financier du Conseil des Arts du Canada et de la SODEC.

De plus, les Éditions Michel Quintin reconnaissent l'aide financière du gouvernement du Canada par l'entremise du Fonds du livre du Canada pour leurs activités d'édition.

Gouvernement du Québec – Programme de crédit d'impôt pour l'édition de livres – Gestion SODEC

ISBN 978-2-89435-679-1
Dépôt légal – Bibliothèque et Archives nationales du Québec, 2014
Dépôt légal – Bibliothèque et Archives Canada, 2014

© Copyright 2014

Éditions Michel Quintin
4770, rue Foster, Waterloo (Québec)
Canada J0E 2N0
Tél.:   450 539-3774
Téléc.: 450 539-4905
editionsmichelquintin.ca

1 4 - A G M V - 1

Imprimé au Canada

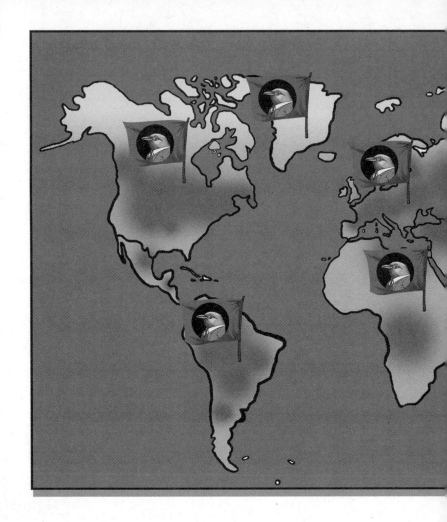

Savais-tu que les coucous vivent sur tous les continents ?
Très nombreux, ils s'adaptent à divers milieux.

Savais-tu que le nom de cet oiseau est la transcription, sous forme d'onomatopée, de son chant très distinctif?

Savais-tu que la grande majorité des espèces de coucous se nourrissent principalement d'insectes? Les chenilles sont les mets favoris de plusieurs.

Savais-tu qu'avant d'avaler une chenille, certains coucous, comme le coucou gris, la vident de son contenu intestinal et de ses toxines? Pour ce faire, ils la font tournoyer avec de vigoureux mouvements rotatifs de la tête.

Savais-tu que, des quelque 130 espèces connues de coucous, une cinquantaine sont des oiseaux parasites?

HUM, JE NE SAIS PAS. JE ME MÉFIE DES NOUVEAUX VOISINS...
ALLONS DONC ! ON DEVRAIT LES INVITER À DÎNER. QUI SAIT ? NOS ENFANTS VONT PEUT-ÊTRE SE CÔTOYER UN JOUR...

Savais-tu que la femelle parasite ne construit pas de nid et ne couve pas? Elle pond ses œufs dans le nid d'une autre espèce d'oiseaux, puis confie la tâche de couver et d'élever

ses petits à des parents adoptifs. C'est ce qu'on appelle le parasitage de couvée.

Savais-tu que la femelle du coucou synchronise le moment de sa ponte avec celui de la femelle hôte?

Savais-tu que la femelle attend que les futurs parents hôtes s'éloignent pour aller pondre un œuf dans leur nid?

Savais-tu que, chez les oiseaux, la ponte d'un œuf exige normalement quelques minutes, mais que le coucou parasite, lui, pond en quelques secondes?

Savais-tu que, pour que l'œuf clandestin se remarque le moins possible, la femelle du coucou subtilise un des œufs déjà dans le nid ? Elle le mangera d'ailleurs un peu plus tard.

Savais-tu que chaque femelle se spécialise dans le parasitisme d'une seule espèce? Cette espèce est la même que celle parmi laquelle elle a vu le jour.

Savais-tu que la femelle du coucou pond un œuf qui ressemble à s'y méprendre à ceux de l'espèce qu'elle parasite ? Avec des motifs, une couleur et une taille presque semblables aux œufs de l'hôte, l'intrus passe inaperçu.

Savais-tu que, pour ressembler aux œufs de l'hôte, les œufs du coucou gris peuvent prendre jusqu'à 20 types de colorations différentes? Cela va du bleu uni au brun très tacheté.

Savais-tu que, parce qu'il n'a pas à construire le nid, à couver les œufs et à élever les oisillons, le coucou parasite

économise beaucoup d'énergie? Cette énergie lui sert à
pondre un plus grand nombre d'œufs.

Savais-tu qu'à chaque saison la femelle pondra entre 8 et 25 œufs, tous dans des nids différents? Elle choisira cependant les nids d'une seule et même espèce hôte.

Savais-tu que l'œuf du coucou se développe très rapidement et que, même si ceux de l'hôte étaient déjà incubés, c'est généralement celui de l'espèce parasite qui est le premier à éclore?

Savais-tu qu'âgé de quelques heures à peine, alors qu'il est encore nu et aveugle, le jeune coucou expulse les autres œufs et oisillons du nid?

Savais-tu que, pour ce faire, il se glisse sous l'œuf ou l'oisillon, le cale dans son dos, escalade le nid à reculons et fait basculer son fardeau par-dessus bord?

JE VOIS QUE VOUS ALLEZ AVOIR CINQ PETITS... EUH... NON... QUATRE !
VOYONS... TROIS PLUTÔT ! CE N'EST PAS CLAIR... DEUX ? OUI, DEUX ! PAS DU TOUT ! UN ! DÉSOLÉE, JE N'EN VOIS QU'UN...

Savais-tu qu'en l'espace de quelques heures le jeune coucou a le nid à lui tout seul ?

Savais-tu que, sur son dos, l'oisillon parasite possède une zone ultrasensible au toucher ? Lorsque cette zone est stimulée, elle déclenche le réflexe de poussée.

Savais-tu que le comportement d'éviction des œufs de l'hôte est présent chez la moitié des espèces de coucous parasites?

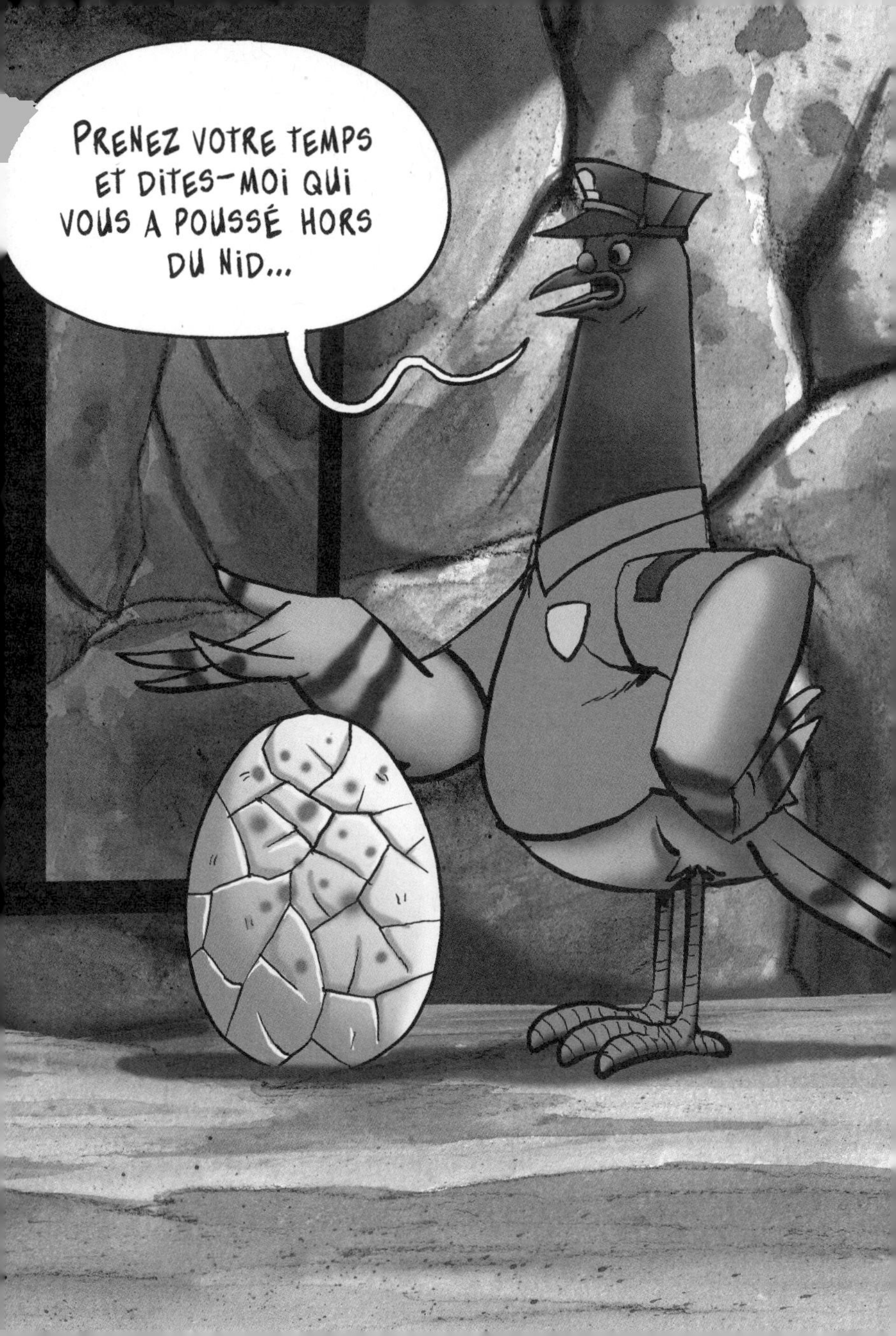
PRENEZ VOTRE TEMPS ET DITES-MOI QUI VOUS A POUSSÉ HORS DU NID...

Savais-tu que, chez d'autres espèces de coucous parasites, le petit n'a pas le même réflexe et qu'il partage le nid avec les oisillons de l'hôte?

Savais-tu que, malgré cela, les oisillons de l'hôte mourront ?
En effet, la rapidité de croissance et la très grande vivacité
du jeune coucou lui permettront soit de tuer les autres

poussins en les piétinant, soit de s'accaparer toute la nourriture apportée au nid par les parents nourriciers.

Savais-tu que, même si le jeune coucou ne ressemble pas à ses frères et sœurs adoptifs, les parents n'y voient que du feu ?

Savais-tu que certaines femelles d'espèces hôtes enseignent à leur couvée un chant contenant une note particulière? En ne nourrissant que les jeunes qui produisent cette note

unique apprise depuis l'intérieur de l'œuf, ces femelles tentent de contrer le parasitisme.

Savais-tu que, malgré cette précaution et même s'ils ont eu moins de jours d'incubation pour apprendre leur leçon, les coucous arrivent souvent à imiter le cri de leurs hôtes?

Savais-tu que le jeune coucou est insatiable? Il absorbe une quantité de nourriture égale à celle d'une couvée normale de cinq ou six oisillons.

Savais-tu que le tapage que fait l'oiseau parasite quand il réclame de la nourriture attire l'attention des prédateurs et cause bien souvent sa perte?

Savais-tu que l'adoption de ce gros oiseau peut être dangereuse pour les parents hôtes dont la taille lui est souvent inférieure? En effet, en saisissant trop brutalement

la nourriture offerte, l'oisillon peut blesser les adultes avec son puissant bec.